Inhalt

Branchenreport IT, ELEKTRONIK, TELEKOMMUNIKATION Ausgabe 2/2010

Kernthesen

Beitrag

Zahlen und Fakten

Weiterführende Literatur

Impressum

GENIOS BranchenWissen Nr. 11/2010 vom 16.11.2010

Branchenreport IT, ELEKTRONIK, TELEKOMMUNIKATION Ausgabe 2/2010

K. Werth

Kernthesen

- Die Elektrobranche profitiert vom globalen Aufschwung und trägt maßgeblich zur wirtschaftlichen Stärkung in Deutschland bei.
- Die europäische Elektronikindustrie konzentriert sich zunehmend auf Distribution und Service.
- In der ITK-Branche werden hohe Wachstumsraten verzeichnet und Fachkräfte dringend gesucht.
- Die Versorgung mit leistungsfähigen

Breitbandanschlüssen stockt noch immer.

Beitrag

Elektroindustrie: Stark im Export

Die deutsche Elektroindustrie profitiert vom weltweiten Aufschwung: Die Produktion hat bereits deutlich angezogen und so geht der ZVEI davon aus, dass die Produktion 2010 insgesamt um acht Prozent wachsen wird. Unternehmen verzeichneten im ersten Halbjahr 2010 einen Anstieg um elf Prozent gegenüber dem Vorjahr, nachdem es 2009 noch einen Einbruch von rund zwanzig Prozent gegeben hatte. Die Branche war auch 2009 deutscher Exportmeister mit Ausfuhren im Wert von 120 Milliarden Euro. Im ersten Halbjahr 2010 wuchsen diese um 22 Prozent gegenüber dem Vorjahreswert. Besonders die Exporte nach Südostasien (hier insbesondere nach China) und nach Lateinamerika nahmen deutlich zu. Der vergleichsweise schwache Euro stützt das Exportgeschäft. Die zunehmend gute Auftragslage - über ein Viertel mehr Aufträge in den ersten beiden Quartalen 2010 - stimmt optimistisch. (1), [Abb. 1]

Elektronikindustrie: Distribution und Service

Durch die Produktionsabwanderung nach Fernost schwindet die Bedeutung des Alten Kontinents für die Elektronikindustrie. Gerade große Stückzahlen werden zunehmend in Asien hergestellt. Europa bleiben mittlere und kleinere Stückzahlen, Distribution und Service. Die deutschen Stärken, etwa Medizinelektronik, Lasertechnik und Photovoltaik, können aufgrund der vergleichsweise geringen Volumina die Herstellung von Computer- und Consumer-Produkten nicht ausgleichen. (2)

ITK: Kommunikationstechnik sorgt für Export-Boom

Der ITK-Branche geht es blendend. Die Nachfrage wächst kräftig. 78 Prozent der vom Branchenverband Bitkom befragten Unternehmen geben an, dass ihr Umsatz im dritten Quartal 2010 deutlich gewachsen sei. Fast drei Viertel verzeichnete auch einen steigenden Auftragseingang. (3)

Auch der Export von Computer, Handys und Netzwerktechnik läuft gut - bis Mitte 2010 verzeichneten Hersteller ein Wachstum um 13

Prozent. Getragen wurden diese Zahlen vor allem vom Export von Kommunikationstechnik (22 Prozent). Exportiert wird vornehmlich innerhalb Europas, importiert aus China, den Niederlanden und Korea. (4)

In der Branche gibt es viel Liquidität, aber offenbar nur wenige Ideen. So wird wie wild gekauft. SAP kaufte sich im Mai mit Sybase in das Datenbank-Geschäft ein. Intel erwarb Antiviren-Spezialist McAfee. Dell übernahm 3Par, Google ITA, einen Anbieter von Flugreisen. Cisco wird Interesse am Internettelefonanbieter Skype nachgesagt. (5)

Breitbandanschlüsse: Weiter warten

Die Verbreitung von Breitbandanschlüssen wächst weiter, jedoch schreitet sie inzwischen langsamer voran. Ende des Jahres wird es in Deutschland voraussichtlich beinahe 27 Millionen solcher Anschlüsse geben. Davon werden 23 Millionen DSL-Anschlüsse sein. Der Rest umfasst Verbindungen über Kabelmodem, Glasfaser, Powerline, Funk und Satellit. Diese verbreiten sich immer mehr. Ihr Anteil wird von 12,0 im Jahr 2009 auf 14,5 Prozent im Jahr 2010 zunehmen. Besonders Glasfasernetze finden immer mehr Freunde, denn sie sind mit bis zu 50

Megabit je Sekunde wesentlich schneller als DSL-Leitungen, die bei den meisten Kunden eine Datenübertragungsrate von 6 Megabit je Sekunde faktisch nicht überschreiten. (4)

Unternehmen

Elektro-Branchenprimus Siemens geht hervorragend. Auch bei den Konkurrenten General Electrics und Philips geht es aufwärts. Die Sektoren Industrie, Energie und Medizintechnik zeigen historisch gute Ergebnisse. Vorstandsvorsitzender Peter Löscher geht davon aus, dass die gute Entwicklung anhalten wird. Alstom und ABB dagegen schwächeln derzeit. (6)

IT-Gradmesser Intel zeigte deutliches Wachstum. Die Erlöse stiegen im dritten Quartal 2010 um 18 Prozent auf 11,1 Milliarden Dollar. Allein von August auf September wuchs der Gewinn im Vergleich zu 2009 um 59 Prozent und liegt jetzt bei drei Milliarden Dollar. 2011 wird der Konzern weiter diversifizieren und dazu die Handysparte von Infineon übernehmen. (7)

Mit einem Umsatzanteil von 55 Prozent beherrscht die Telekom den Telekommunikationsmarkt in Deutschland, auch wenn der Umsatz im Festnetzgeschäft 2010 wohl um 1,7 Milliarden Euro niedriger liegen wird als 2009. Die Telekom dominiert vor allem auch den DSL-Markt. (4)

Bei den Handyanbietern hat Nokia mit einem Marktanteil von 35 Prozent die Nase vorn. Samsung bedient mit 20,6 Prozent noch etwa ein Fünftel des Marktes und hat dabei gegenüber Nokia ein wenig aufgeholt. Alle übrigen Hersteller stehen unter "ferner liefen". Apple hält einen Marktanteil von 2,7 Prozent. (8), [Abb. 2]

Beschäftigung

Die Elektroindustrie beschäftigte mit Datum Juni 2010 etwas über 800 000 Menschen. Das waren 2,9 Prozent weniger als im Jahr zuvor. Der Rückgang lag damit noch einmal geringfügig höher als zwischen 2008 und 2009 (2,0 Prozent). Die Anzahl der Kurzarbeiter hat dabei drastisch abgenommen: von 81 300 im Dezember 2009 auf 58 200 im März 2010. (9)

Die deutsche IT-Industrie sieht sich mit einem enormen Fachkräfteproblem konfrontiert. Laut Bitkom fehlen in deutschen Unternehmen 28 000 Experten. 11 200 Stellen sind dabei in der ITK offen, die meisten davon (9 800) im Bereich Software und Services. Anwenderunternehmen suchen 16 800 Mitarbeiter. Programmierer sind besonders gefragt. Für Quereinsteiger wird es immer schwieriger.

Gesucht sind vor allem Experten mit Hochschulabschluss. (10)

Ausgewählte Teilbereiche

Consumer Electronics: Noch besser als erhofft

Auch in der Konsumelektronik wird Wachstum verzeichnet, und zwar um ca. 2,5 Prozent bis Ende 2010 auf 12,7 Milliarden Euro. Der Branche geht es damit so gut wie vor der Krise und wesentlich besser als erwartet. Umsatzträger sind mobile Endgeräte wie Tablets, Notebooks, iPad, eBook-Reader und Smartphones, außerdem Flachbildfernseher (fast 50 Prozent Anteil), Hybrid-TV und Heimvernetzung. (11)

Elektrohaushaltsgeräte: Bequem, schön und effizient

Wie schon in der Vergangenheit stehen bei den Elektrohaushaltsgeräten Bedienkomfort, Lifestyle und ein sparsamer Umgang mit Energie und Wasser im Mittelpunkt. Verschiedenste Kaffeebereiter finden weiterhin reißenden Absatz. Haar- und Körperpflege-

Geräte treten in den Fokus. Die Verbraucher schätzen den Wohlfühlfaktor.

Der Austausch alter, wenig effizienter Elektrogroßgeräte besitzt noch immer ein erhebliches Sparpotential - Energie, Wasser und Geld. Allerdings müssen sich dafür die Anschaffungskosten zunächst amortisieren, was mehrere Jahre dauert. Derzeit lässt sich mit einer neuen Kühl-Gefrier-Kombination etwa 70 Euro pro Jahr einsparen. (12)Prozessautomation: Technisch überlegen

Die Prozessautomatisierungsbranche wächst konstant. Die Auftragseingänge liegen bis Ende 2010 voraussichtlich um etwa 12 Prozent höher als im vergangenen Jahr, nachdem 2009 das Geschäft noch um 16 Prozent geschrumpft war. Abnehmer sind vor allem Brasilien, Russland, China, Indien (BRIC-Staaten) sowie Osteuropa, aber auch Deutschland, Europa und die USA kaufen recht fleißig ein. Technisch fühlt sich die Branche in Deutschland gegenüber der ausländischen Konkurrenz überlegen, da gerade ihre Neuentwicklungen deutlich zum Einsparen von Energie und Emissionen und damit zum Klimaschutz beitrügen. (13)

Mobilfunk: LTE soll Wachstum bringen

Die Talfahrt im Mobilfunk scheint vorbei. Vier Jahre lang kannten die Umsätze nur eine Richtung - nach unten. Nun kann die Branche wenigstens etwas Wachstum verzeichnen, nämlich 0,8 Prozent auf 24,3 Milliarden Euro. (4)

Immer mehr Daten werden inzwischen mobil übertragen. Im Vergleich zu 2009 hat sich das Datenvolumen auf 121 Millionen Gigabyte verdreifacht. Sinkende Endkundenpreise haben dazu beigetragen, dass der Mobilfunk gegenüber dem Festnetz an Attraktivität gewonnen hat. Allerdings lässt sich so immer schwieriger Geld verdienen. Die Hoffnungen der Anbieter ruhen daher derzeit auf der neuen, vierten Mobilfunkgeneration namens LTE (Long Term Evolution). Diese erfordert jedoch noch milliardenschwere Investitionen. (4), (8)

IT-Hardware: Starkes B2B-Geschäft

ITK-Händler können sich in diesem Jahr über höhere Umsätze freuen. Insbesondere das Geschäft mit Business-Kunden floriert, während sich Privatkunden eher zurückhielten. Im B2C-Segment bewegten sich die Umsätze um etwa 4 Prozent abwärts. Vermutlich steckten Verbraucher ihr Geld wegen der Fußball-Weltmeisterschaft eher in neue Flachbildfernseher anstatt neue IT-Hardware. Unternehmenskunden sorgten hingegen im Juli für ein Plus von 41 Prozent gegenüber dem Vorjahresmonat. Vor allem das SMB-Geschäft lief außerordentlich gut. Mit mobilen PCs wurde zuletzt ein Prozent weniger umgesetzt als 2009. Dagegen verkauften sich Desktop-Computer sehr gut. Der Umsatz kletterte um zehn Prozent. Insbesondere All-in-One-Geräte (AiO) waren sehr gefragt. Der Servermarkt zeigte ein Wachstum von vier Prozent. Unternehmen versuchen, die Informationsflut zu bändigen. Bei den Peripherie-Geräten lagen im Endkundengeschäft TV-Sticks, Mini-Lautsprecher, kabellose Mäuse und Media Devices vorn. (14)

Internet: Nur Jüngere lieben Online Communities

Informationssuche und Kommunikation bleiben im Internet die wesentlichen Aktivitäten. Über alle Altersgruppen hinweg sind Suchmaschinen - meist Google - die wichtigste Adresse. Insgesamt 82 Prozent aller in einer Umfrage Befragten gaben dies an. E-Mail steht an zweiter Stelle. Für die "Silver Surfer" ab 50 Jahren sind sie sogar noch wichtiger (80 Prozent gegenüber Suchmaschinen: 74 Prozent). Außerdem spielt einerseits das zielgerichtete Suchen nach Angeboten und andererseits bloßes Surfen eine größere Rolle (durchschnittlich 47 bzw. 49 Prozent).

Homebanking wird nur von einem Drittel der Befragten genutzt. Kommunikationsformen wie Instant-Messaging, Foren, Chats und Online Communities stoßen bei Personen über 30 auf eher geringes Interesse, boomen jedoch in der jüngeren Generation. (15), [Abb. 3]

Unternehmen gebrauchen Soziale Netzwerke zunehmend etwa zum Schalten zielgerichteter Werbung. Sie nutzen jedoch auch die Tatsache, dass immer mehr Teilnehmer dieser Communities am sogenannten Social Gaming teilnehmen. Dies sind Spiele, die über die Sozialen Netzwerke angeboten werden und von einer größeren Anzahl Netzwerkteilnehmer interaktiv gespielt werden können. Die Nutzung der Spiele ist dabei meist kostenlos - verdient wird am Verkauf virtueller Güter. Gezahlt wird mit der gar nicht virtuellen Kreditkarte und somit echtem Geld. Virtuelle Güter bringen mehr Umsatz als die um die Spiele herum geschaltete Werbung. (16)

Trends

Einer, vielleicht DER größte Trend im Bereich ITK heißt Cloud Computing. Der Umsatz wird voraussichtlich in diesem Jahr in Deutschland die Milliarden-Grenze überschreiten. Die Experton-Group bescheinigt dem Konzept weiterhin ein enormes

Wachstumspotential. Die Marktforscher von Gartner warnen hingegen, dass sich hier bald Ernüchterung einstellen wird - ebenso wie bei Tablet-PCs, iPad und 3D-Fernsehern, die auf der letzten IFA im Mittelpunkt standen. Auch Twitter, Videokonferenzen und E-Book-Reader könnten bald an ihre Grenzen stoßen. (4), (17)

Zahlen & Fakten

Abbildung 1: Elektroindustrie - wichtigste Exportländer

Exportland	2009	1. HJ. 2010
China	0	50
Südostasien (inkl. VRC und JP)	-13	43
Lateinamerika	-18	41
Japan	-23	39
EU-12-BL	-22	34
Amerika (Nord und Süd)	-19	20
EU-15	-15	17
USA	-20	15
Russland	-33	9

GBI-Genios-Grafik

Quelle: Destatis und ZVEI-eigene Berechnungen entommen aus: ZVEI-Monitor September 2010

Abbildung 2: Handyhersteller - Marktanteile weltweit

Rang	Unternehmen	Marktanteil Q1/2010	Veränd. ggü. Q1/2009
		in Prozent	
1	Nokia	35	-1,2
2	Samsung	20,6	1,5
3	LG	8,6	-1,3
4	RIM	3,4	0,7
5	Sony Ericsson	3,1	-2,3
6	Motorola	3	-3,2
7	Apple	2,7	1,2
	Sonstige	23,6	k.A.

GBI-Genios-Grafik

Quelle: Bundesnetzagentur, Gartner, International Telecommunication Union (ITU) Entnommen aus: Frankfurter Allgemeine Zeitung, 09.07.2010, S. 17

Abbildung 3: Bevorzugte Internet-Anwendungen 2009

Nutzung	Gesamt	14 bis 19	20 bis 29	30 bis 49	Ab 50
		\multicolumn{4}{c}{Jahre}			
	\multicolumn{5}{c}{in Prozent}				
Suchmaschinen nutzen	82	90	91	81	74
Versenden, empfangen von E-Mails	82	85	88	80	80
Zielgerichtet bestimmte Angebote suchen	47	35	51	54	38
Einfach so im Internet surfen	49	72	60	50	31
Homebanking	33	6	37	38	34
Instant Messaging	30	80	65	15	10
Gesprächsforen, Newsgroups, Chats	25	76	47	13	7
Onlinecommunity nutzen	27	78	56	12	8
Download von Dateien	19	30	26	15	15
Onlinespiele	17	30	28	13	10
Onlineaktionen	9	6	15	10	5
Onlineshopping	8	3	14	8	5
Live im Internet Radio hören	12	23	15	11	8
Musikdateien aus dem Internet	13	47	22	6	4
RSS-feeds, Newsfeeds	9	18	15	7	5
Buch- und CD-Bestellungen	5	4	6	6	4
Andere Audiodateien aus dem Internet	5	14	9	4	1
Video, TV zeitversetzt	7	16	11	6	4
Kontakt-, Partnerbörsen	5	11	9	3	2
Live im Internet fernsehen	6	11	11	5	3
Audio- Radiosendungen zeitversetzt	4	9	9	3	2
Videopodcasts	2	5	7	1	1
Tauschbörsen	3	6	5	2	1
Audiopodcasts	2	5	5	1	0

GBI-Genios-Grafik

Quelle: ARD/ZDF-Onlinestudie

Weiterführende Literatur

(1) ZVEI-Monitor / Deutsche Elektro-Industrie -

Konjunkturelle Entwicklung im 1. Halbjahr 2010 und Ausblick
aus Finanz und Wirtschaft vom 28.08.2010, Seite 29

(2) Die Bedeutung Europas für die Elektronikindustrie sinkt "2010 bis 2020 wird DIE Dekade der Distribution!"
aus Markt & Technik, Heft 41/2010, S. 12

(3) ITK-Branche boomt Bitkom-Index steigt auf Rekordhoch
aus Markt & Technik, Heft 40/2010, S. 8

(4) Wirtschaft
aus iX - Magazin für Informationstechnik, 11/2010, S. 38

(5) IT-Industrie im Übernahmerausch
aus Handelsblatt Nr. 168 vom 01.09.2010 Seite 24

(6) Siemens stellt neue Rekorde auf
aus Frankfurter Allgemeine Zeitung, 30.07.2010, Nr. 174, S. 14

(7) Intel nimmt der IT-Industrie die Angst
aus Handelsblatt Nr. 199 vom 14.10.2010 Seite 22

(8) Hoffen auf das mobile Internet
aus Frankfurter Allgemeine Zeitung, 09.07.2010, Nr. 156, S. 17

(9) ZVEI Konjunkturbarometer
aus Frankfurter Allgemeine Zeitung, 09.07.2010, Nr.

156, S. 17

(10) Rekordbeschäftigung in der IT-Branche
aus Computerwoche, 25.10.2010, Nr. 43

(11) 50. IFA in Rekordgröße - Markt für Konsumelektronik wächst
aus VDI NR. 35 VOM 03.09.2010 SEITE 1

(12) gfu IFA 2010: Trends bei Elektrohausgeräten
aus VDI NR. 35 VOM 03.09.2010 SEITE 1

(13) ZVEI-Fachbereich Messtechnik und Prozessautomatisierung Auftragseingänge wachsen um 12 Prozent
aus Markt & Technik, Heft 40/2010, S. 60

(14) ITK-Umsatz macht Sprung nach oben
aus IT-Business News Nr. 020 vom 27.09.2010 Seite 054

(15) D: Nutzung von Onlineanwendungen 2004-2009
aus Media Perspektiven, 07/2009, S. 340

(16) Soziale Netze
aus iX - Magazin für Informationstechnik, 10/2010, S. 34

(17) Gartners Hype Cycle ? die heißesten IT-Trends 2010
aus Computerwoche, 06.09.2010, Nr. 36

Impressum

Branchenreport IT, ELEKTRONIK, TELEKOMMUNIKATION Ausgabe 2/2010

Bibliografische Information der deutschen Nationalbibliothek

Die Deutsche Nationalbibliothek verzeichnet diese Publikation in der deutschen Nationalbibliografie; detaillierte bibliografische Daten sind im Internet über http://dnb.d-nb.de abrufbar.

ISBN: 978-3-7379-1921-0

© 2015 GBI-Genios Deutsche Wirtschaftsdatenbank GmbH, Freischützstraße 96, 81927 München, www.genios.de

Alle Rechte vorbehalten. Dieses Werk ist einschließlich aller seiner Teile – z.B. Texte, Tabellen und Grafiken - urheberrechtlich geschützt. Jede Verwertung außerhalb der Grenzen des Urheberrechtsgesetzes bedarf der vorherigen Zustimmung des Verlags. Dies gilt insbesondere auch für auszugsweise Nachdrucke, fotomechanische

Vervielfältigungen (Fotokopie/Mikroskopie), Übersetzungen, Auswertungen durch Datenbanken oder ähnliche Einrichtungen und die Einspeicherung und Verarbeitung in elektronischen Systemen.